ANGÉLICA DE ANDRADE ALMEIDA E SILVA

UMA ANÁLISE SOBRE AS FERRAMENTAS BIOÉTICAS UTILIZADAS PELOS PROFISSIONAIS ENFERMEIROS AUDITORES DURANTE O PROCESSO DE DECISÕES CLÍNICAS.

Monografia apresentada como exigência parcial à obtenção do título de Especialista em

Auditoria em Serviços de Enfermagem.

Nome do Orientador: Róbison Gonçalves de Castro.

O presente dissertação tem como temática fundamental analisar as ferramentas Bioética aplicados pelo Enfermeiro Auditor no processo de suas decisões clínicas. Hoje, em praticamente a totalidade das empresas hospitalares vemos a figura do Enfermeiro Auditor ganhar espaço e relevância, e o mesmo lida com conflitos éticos e decisões clínicas morais perpassando por todo seu processo laboral. Para elucidarmos melhor este processo, realizamos o presente estudo com o método de pesquisa bibliográfica, de abordagem qualitativa. Realizamos buscas por artigos científicos de grande relevância sobre a temática em bases de dados com vulto científico. Bem como utilizamos vários tipos de consultas, como livros, monografias, dissertações de mestrado e doutorado, e textos acadêmicos publicados em revistas indexadas.

Analisando todo o descrito nas fontes de dados, vemos que os profissionais Enfermeiros Auditores enfrentam questões relacionadas a sigilo, ética e bioética em seu dia a dia e verificam que o conhecimento e respeito de tais questões tem tanta relevância na tomada de decisões quanto ao conhecimento técnico sobre o procedimento aplicado na rotina com o cliente/paciente.

INTRODUÇÃO

A presente dissertação nasce da inquietação cientifica, proveniente da vivência profissional como Enfermeira Auditora, sendo as questões éticas, pontos importantes e paradigmático a serem vislumbrados de forma mais acurácia, pois representam desafios constantes no âmbito de decisões morais.

A presente dissertação tem como temática fundamental analisar as ferramentas Bioética aplicados pelo Enfermeiro Auditor no processo de suas decisões clínicas.

Apresento como meu problema da pesquisa: Quais são as ferramentas Bioéticas, utilizadas pelos profissionais enfermeiros auditores, durante o processo de decisões clínicas?

Meu Objetivo Geral, desenhou-se como, identificar as ferramentas Bioéticas utilizadas pelos profissionais Enfermeiros Auditores durante o processo de suas decisões clínicas.

Meus Objetivos Específicos, seriam, demonstrar as ferramentas Bioéticas utilizadas pelos profissionais Enfermeiros Auditores durante o processo de decisões clínicas.

E de apontar a relevância da utilização dos princípios Bioéticos e os direcionamentos de seus princípios Éticos, nas decisões clínicas realizadas no âmbito da Auditoria em Enfermagem.

Com o intuito de justificar a escolha da temática da pesquisa científica em curso, temos inicialmente atentar, que o trabalho do Enfermeiro Auditor perpassa por informações de grande sigilo e confidencialidade durante sua análise das documentações assistenciais do cliente.

Por este motivo, este individuo deve estar imputado de ética profissional e ser detentor de um processo de análise e tomada de decisões para embasar suas escolhas em seu processo de trabalho.

Podemos ver o que nos aponta Smeltzer & Bare (2002), os dilemas éticos que a Enfermeira pode encontrar na arena são numerosos e diferentes, uma consciência do termo ético e sua aplicação de forma sistemática assegura a moralidade e a adesão a valores formais. Estes mesmos autores ainda afirmam que nossa prática diária convive com conceitos como confidencialidade, sigilo e imparcialidade.

Visto isso, justifica-se o estudo, no âmbito de identificar as ferramentas bioéticas que o profissional Enfermeiro Auditor utiliza nos seus processos de trabalho.

Em Motta (2008) , nos descreve o perfil da enfermeira auditora com o papel de trabalhar tendo sempre a ética como referência, ter conhecimento técnico-científico, acompanhando todo o desenvolvimento tecnológico na saúde em geral e principalmente nas especialidades de enfermagem que audita.

A relevância desta temática caminha a nível de pesquisa e ensino, pois nossa pesquisa tem o intuito de levantar novas questões no processo de responder nossos objetivos, para que com isso possamos melhor capacitar e formar os Enfermeiro Auditores.

Na abordagem metodológica estamos voltados para pesquisa bibliográfica, de abordagem qualitativa. Para melhor contextualizar a escolha de tais métodos de pesquisa em prol da elucidação de nossos objetivos de pesquisa trazemos o que fala grandes teóricos sobre tal metodologia abordada.

Segundo Lakatos (1992), a finalidade da pesquisa bibliográfica está em colocar o pesquisador em contato direto com tudo aquilo que foi escrito sobre determinado assunto, com o objetivo de permitir ao cientista o reforço paralelo na análise de suas pesquisas.

Ainda sobre a temática, temos o que nos informa Demo (1987), as pesquisas bibliográficas não servirão somente para elucidar os objetivos traçados em uma pesquisa, como serve também, como base para o início de novos estudos, primeiro passo para a pesquisa cientifica.

Um estudo qualitativo, trata-se, segundo Gauthier (1998), a pesquisa qualitativa é eficiente devido ao fato de que põem o pesquisador em contato com os problemas que surgem no dia a dia, possibilitando assim com o uso desta abordagem qualitativa ter acesso a informações mais reais e verdadeiras.

Optamos pela pesquisa qualitativa como uma abordagem adequada para a compreensão da problemática, porque de acordo com Trivinos (1995), as particularidades físicas e sociais do meio imprimem aos sujeitos traços peculiares que serão desenvolvidos a luz dos significados que ele estabelece, a pesquisa permite compreender o problema no meio que ele ocorre, sem criar situações artificiais que mascaram a realidade, ou que levam a interpretação ou generalizações equivocadas.

Dentre os teóricos de relevância quanto a temática abordada irei utilizar para a análise dos dados coletados Marilena Chauí em seus textos que nos levam a reflexão ética e moral e a temática sistematizada para a análise de enfermagem, baseadas nas teorias de Smeltzer & Bare.

Os tipos de fontes utilizadas por nos nesta pesquisa, perpassou por vários tipos de consultas, como livros, monografias, dissertações de mestrado e doutorado, e textos acadêmicos publicados em revistas indexadas.

Realizamos busca por artigos científicos de grande relevância sobre a temática em bases de dados com grande vulto metodológico. Dentre estas, podemos citar: Lilacs, PubMed sendo este portal incorporado a MEDLINE e duas bibliotecas digitas (banco de teses da CAPES e Scielo).

Para realização desta busca utilizamos alguns descritores, tais como, Enfermeira Auditora, novos paradigmas na Auditoria da Enfermagem, Ética, Bioética, Trindade Bioética.

Cabe salientar que não utilizamos o atributo de recorte temporal, pois vislumbramos que a temática abordada é de cunho atemporal e que passa pela inquietação de pesquisadores a longa data.

ENTENDENDO UM POUCO MAIS SOBRE O ESTUDO

Ao iniciar esta etapa do presente estudo, trago as informações de relevância que permearão os referenciais teóricos que irão responder os questionamentos propostos nos objetivos traçados.

Nos objetivos traçados na pesquisa, iremos verificar as questões bioéticas que permeiam as ações do Enfermeiro Auditor.

Para isto teremos que inicialmente contextualizar a auditoria como ferramenta administrativa fundamental nas redes hospitalares públicas e privadas no Brasil.

1.1 A AUDITORIA

Para melhor entendimento, trazemos a definição de Auditoria que consta no dicionário da língua portuguesa, Ferreira (1999) que demonstra a auditoria sendo um exame analítico e pericial que segue o desenvolvimento das operações contábeis, desde o início até o balanço.

Também temos o que Souza et ali (2002) a auditoria é apresentada, discutida e definida como um dos itens essenciais para a gestão da qualidade.

Através dela, é possível detectar problemas, analisa-los e buscar as causas que atuam sobre eles. Na ação de avaliar a eficácia e a eficiência dos processos administrativos e assistenciais.

Observando as duas definições acima, podemos ver que a auditoria é um sistema que perpassa por toda ação administrativa/ financeira, e que sempre foi ferramenta organizacional fundamental utilizada pelas empresas de variados gêneros.

Entretendo, vemos que a auditoria com este tônus avaliativo, com busca de eficácia e eficiência, como dito acima, somente veio a ser utilizada na empresa hospitalar anos após ser implementada nos outros níveis sociais. Casar a assistência à saúde com administração eficiente de custo, foi um conceito que chegou mais tardiamente.

Atentamos, para o que nos diz Motta (2008) e dados fornecidos pelo Portal Educação, que até agosto de 1960 a política de saúde do país estava a cargo das caixas de assistência e benefícios de saúde, que atendiam seus associados e dependentes agrupadas de acordo com a categoria profissional a que pertencia o trabalhador.

Com a unificação dos institutos, para atender a demanda no campo da saúde, dois fatos novos surgiram: o primeiro, ligado à necessidade da compra de serviços de terceiros, e o segundo, afeto à importância do atendimento à clientela, de maneira individualizada, por classe social e pelo direito de escolha do atendimento.

A terceirização dos serviços de saúde levou o Governo, como órgão comprador, a adotar medidas analisadoras, controladoras e corregedoras, prevenindo o desperdício, a cobrança indevida e a manutenção da qualidade dos serviços oferecidos.

Para garantir o programa proposto e a integridade do sistema em funcionamento, tornou-se necessária a criação de um quadro de pessoal habilitado em auditoria médica, surgindo, assim, o corpo funcional de auditores da previdência social.

A evolução da medicina e as imposições sociais levaram a profundas alterações no sistema de saúde do país para atender a crescente demanda do mercado, significava os planos de medicina de grupo, e, com estas, a maior necessidade de adequação dos serviços para acompanhar a revolução Médica Social.

1.2 O ENFERMEIRO AUDITOR

Temos que olhar com mais atenção para este profissional Enfermeiro Auditor, vemos este profissional sendo grandemente utilizado pelas empresas do ambiente da saúde, como ferramenta administrativa para análise crítica das informações saúde/financeira. Este profissional vem desempenhando com grande sucesso esta função, muito disto correlato com as características generalistas da formação deste profissional.

Vemos o que nos diz Boemer (2007), a auditoria médica e de enfermagem surgiu de modo incipiente na década de setenta. Desde então, tem-se ampliado a prática da auditoria em saúde, com uma progressiva absorção da mão-de-obra de enfermeiras(a). Em 2001 as atividades desenvolvidas pela enfermeira auditora foram aprovadas pelo Conselho Federal de Enfermagem através da Resolução n. 266/01(5).

Atualmente, é na área privada onde se observa um número maior de enfermeiras auditoras, cujo conhecimento e experiência profissional são particularmente utilizados para a racionalização dos custos envolvidos na prática assistencial, atuando em instituições hospitalares ou em operadoras de planos de saúde.

Segundo Motta (2008), a auditoria de Enfermagem vem tomando novas dimensões ao longo dos anos e mostrando sua importância dentro das instituições hospitalares e operadoras de planos de saúde.

Tratando-se da avaliação sistemática da qualidade da assistência de enfermagem prestada ao cliente pela análise do prontuário, acompanhamento local do cliente, verificação da compatibilidade entre o procedimento realizado e os itens que compõem a conta hospitalar cobrada, garantindo um pagamento justo mediante a cobrança adequada.

Vislumbramos a mudança do paradigma por muitas destas instituições e da mudança da visão dos gestores da área da saúde quanto a utilização destes profissionais, e a valorização e necessidade deste profissional não somente em âmbito assistencial, mas também na administração destes serviços.

Quanto a isto trazemos Scarparo et ali (2010), que amplia e embasa a análise acima, com as transformações mundiais, mudanças de paradigmas, exigências profissionais, principalmente, com relação à aspectos éticos e atitudinais, novos contextos permeiam a agenda dos gestores, determinando tendências às quais espera-se que os profissionais atendam.

A tendência da função do enfermeiro auditor, em torno de uma concepção mesclada de controle de custo e de melhoria da qualidade, pode resultar de um panorama de reestruturação da produção em saúde demarcada por uma nova lógica de gestão das organizações.

O método de trabalho do enfermeiro auditor decorre de um ideário profissional, o qual está articulado com um campo de conhecimentos e práticas de gestão, que se diferenciam segundo tendências da função do enfermeiro auditor no mercado em saúde

E neste momento que melhor entendemos a adequação do Enfermeiro, na sua função de Auditor. Em sua função, pilar para construção básica da profissão de enfermagem, está a responsabilidade e o sigilo, que são as ferramentas constituintes do fazer do auditor.

Podemos ver em Junqueira (2001), que define alguns princípios básicos do auditor em relação a execução de seus trabalhos. Ele pontua como sendo: independência, soberania, imparcialidade: pelo qual está obrigado a abster-se de intervir nos casos onde haja conflitos de interesses; objetividade, veracidade dos fatos; comportamento Ético: protegendo os interesses dos beneficiários e prestadores de serviços, não favorecendo a terceiros ou a si próprio, no exercício   de   sua   função;

Sigilo e Discrição: ficando obrigado a guardar confidencial idade das informações obtidas. Dados, demonstrações e documentos não poderão ser fornecidos a terceiros, nem ser utilizados em proveito pessoal, exceto quando fruto da auditoria.

Devido a isto, que enfrentamos esta mudança de paradigma tão importante e a valorização deste profissional nas ações da auditoria. Por este motivo, este individuo deve estar imputado de ética profissional e ser detentor de um processo de análise e tomada de decisões para embasar suas escolhas em seu processo de trabalho.

Podemos ver o que nos aponta Smeltzer & Bare (2002), os dilemas éticos que a Enfermeira pode encontrar na arena são numerosos e diferentes, uma consciência do termo ético e sua aplicação de forma sistemática assegura a moralidade e a adesão a valores formais. Estes mesmos autores ainda afirmam que nossa prática diária convive com conceitos como confidencialidade, sigilo e imparcialidade.

MORAL, ÉTICA E BIOÉTICA – E A RELEVÂNCIA DA UTILIZAÇÃO DESTES PRINCIPIOS NAS AÇÕES DO ENFERMEIRO AUDITOR

Temos que nos remeter aos termos ética e bioética para que possamos entender a grande relevância de tais princípios estarem inseridos em nossos processos de trabalho, bem como nos impelindo para uma prática moral constante.

Segundo Chauí (1995) que compreende a ética como a filosofia moral, isto é, uma reflexão que discuta, problematize e interprete o significado dos valores morais. Aqui deparamo-nos com outro ponto a ser compreendido: a moral.

Segundo a mesma autora, moral consiste nos valores concernentes ao bem e ao mal, ao permitido e ao proibido, e à conduta correta, válidos para todos. A moral, portanto, refere-se à normatividade oriunda da sociedade, refere-se aos costumes, normas e regras que permeiam o cotidiano e que visam regular as relações entre os sujeitos.

A ética é a reflexão crítica sobre a moral, ou seja, pensar naquilo que se faz, repensar os costumes, normas e regras vigentes na sociedade.

Quanto a grande importância da análise da ética no ambiente profissional temos o que ressalta Júlio (2014) quando aborda que a ética é indispensável ao exercício de qualquer profissão por três razões fundamentais: primeira, porque, além da responsabilidade individual, que caracteriza todo ser humano, ao inserir-se num grupo de trabalho assume o compromisso social.

A segunda, porque os conhecimentos técnico-científicos, por si só, não bastariam ao profissional, uma vez que a capacitação técnico-científica, sem a formação ética adequada, poderá levar o profissional ao que se denomina tecnicismo.

E terceiro, a ética se torna indispensável ao profissional porque, na ação humana, "o fazer" e o "agir" são indissociáveis. O fazer diz respeito à competência, à eficiência que todo profissional deve possuir para exercer bem a sua profissão. O agir se refere à conduta do profissional, conjunto de atitudes que deve assumir no desempenho de sua profissão.

No campo das Ciências da Saúde, em particular, essa importância aumenta porque é um campo de atividade que lida, no cotidiano, com os dois maiores bem jurídicos protegidos –a vida e a saúde humana.

No seguimento do estudo, que podemos, após ter entrado em contato com conceitos e definições que perpassam pela temática em análise que podemos vislumbrar a bioética. A temática do estudo, busca analisar as ferramentas bioéticas utilizadas pelo enfermeiro auditor no seu processo de análise, para a formação de sua decisão clínica, pois é este profissional, como já abordamos anteriormente, individuo central que detém conhecimento para analise clínicas adequadas. Mas que precisa mesclar tais conhecimentos com a aplicabilidade da moral.

Nascida nos Estados Unidos, em 1971, a Bioética representa uma síntese de conhecimentos e ação multidisciplinar capaz de responder aos problemas morais no vasto campo da vida e da área da saúde, nesta, incluída a Ciência Enfermagem.

Dentre as correntes mais importantes da bioética nacional, destaca-se a da Intervenção, a qual julgamos relevante como guardiã e defensora da discussão de questões inseridas em nosso meio com o envolvimento das esferas pública e privada; e da interferência na realidade, através de projetos elaborados com ética, legalização necessária e objetividade. Silva et ali (2015).

Vemos Boemer (1997) A Bioética tem sido descrita enquanto o estudo sistemático da conduta humana na área das ciências da vida e dos cuidados da saúde, na medida em que essa conduta é examinada à luz dos valores e princípios morais.

Temos descrito por Berlinger (1996) Bioética é um ramo da ética que estuda os conflitos, controvérsias, pesquisas e práticas que visam esclarecer e resolver questões éticas dentro da medicina e da biologia. O seu surgimento foi baseado no impacto, por exemplo, das experiências feitas em seres humanos e animais e a utilização de técnicas desumanas como a clonagem.

O processo de tomada de decisão no ambiente de auditoria é de grande importância e necessita de grande capacidade do profissional para que o mesmo realize da melhor forma possível, sendo justo com o resultado de suas ações.

Atentamos o que nos traz Gracia (1995), observa que a Bioética, seja em seu nível macro ou micro, vai ter sua influência nas tomadas de decisão e lembra que as Faculdades de Medicina, de forma geral, ensinam os estudantes, a partir da disciplina de patologia, a pautar as tomadas de decisão segundo critérios básicos e objetivos.

Assim, foram-se aprimorando os métodos para objetivar o subjetivo possibilitando, dessa forma, critérios para tomada de decisão à luz da ciência. Dados não passíveis de objetivação, considerados, portanto, fora da ciência, passam a não ter relevância.

Esses dados dizem respeito aos valores humanos e precisam estar presentes, necessariamente, num processo de tomada de decisão.

Mas para pautar suas decisões clínica, o enfermeiro auditor, precisa mesclar a objetividade trazida pelos seus conhecimentos abarcados por estudos, acumulação de informações, mas não somente isso temos o ponto que perpassa pela ética e pela moram, tal peça chave, subjetivando as ações e assim associando dois pontos essencial para uma boa decisão.

Dessa forma, Gracia (1995) refere que Bioética Clínica visa aumentar a qualidade desse processo, tornando-o um processo humano.

Menciona também que regras objetivas são necessárias, mas não suficientes e, portanto, a consideração dos valores é um procedimento importante na tomada de decisões clínicas.

Segundo esse autor, haverá um conflito ético quando houver um conflito de valores e a Bioética vai se ocupar da análise dos valores e conflitos de valores; sua preocupação será encontrar procedimentos para manejar o conflito. Nesse sentido, é fundamental saber identificá-lo.

O conhecimento e utilização da bioética no ambiente de trabalho do enfermeiro auditor, tem a proposta de servir de ancora para melhores decisões clínica.

Analisamos o que nos traz Silva et alii (2015), a enfermagem brasileira, enquanto campo de saber, embora já tenha firmeza e consolidação em alguns ramos de estudos de auditoria, deve acolher em seu somatório de conhecimentos diferentes correntes éticas, dentre essas a Bioética Intervencionista.

Que é capacitada para a construção de consciências críticas que servirão de suporte para a atuação do enfermeiro auditor numa realidade repleta de conflitos, competitividades e concorrências.

Mas, como na adversidade sempre se aprende, o desafio de cada especialidade é sempre viável.

Ao reparar nas anotações de enfermagem do prontuário do usuário ou do serviço e/ou das próprias condições destes, têm-se em mãos a oportunidade de se oferecer benefícios para os mesmos, uma vez que possibilitará a prática de uma assistência de melhor qualidade a partir de um serviço oferecido de maneira mais segura, eficaz e contributiva para a educação.

FERRAMENTAS BIOÉTICAS PARA O ENFERMEIRO AUDITOR NA TOMADA DE DECISÃO.

No decorrer do presente estudo, objetivamos identificar ferramentas bioéticas que pudessem ancorar e municiar de forma bioética, as decisões do Enfermeiro Auditor no processo de trabalho diário. Para tal, durante a leitura de autores referenciais, pudemos identificar a Trindade Bioética, como ferramenta eficiente para tal processo. No seguir da pesquisa apontaremos esta tríade e sua utilização neste ambiente de trabalho do enfermeiro auditor.

Para tal, podemos citar a utilização, da Trindade Bioética, na qual do processo do contexto de suas analises laborais utiliza conceitos como a Beneficência, a autonomia e a justiça.

3.1 TRINDADE BIOÉTICA

Vemos o que nos fala Boemer (1997) levando em conta seu conteúdo e o seu contexto em que surge, torna-se importante mencionar os princípios englobantes da Bioética nos quais está calcado o fio condutor para tomada de decisões nesta área. Tais princípios fundamentais são chamados "Trindade Bioética": a beneficência, a autonomia e a justiça.

Ainda, podemos, destacando as colocações de Pontes (2007), sob o referencial principialista, o desenvolvimento da bioética funda-se em um tripé, denominado de "trindade bioé-tica", ou seja, nos princípios da autonomia, beneficência justiça. A autonomia refere-se ao direito do indivíduo de autogovernar-se, isto é, exercer a função de protagonista em seu processo de saúde e doença.

O princípio da beneficência diz respeito ao fazer o bem e evitar o sofri-mento adicional. O princípio da justiça deve ser entendido como equidade, reconhecendo que todas as pessoas devem ter suas necessidades atendidas, preservadas suas diferenças e singularidades.

Para melhor contextualizar a Trindade Bioética, trazemos os conceitos abordados por Correia (1993), começamos pela beneficência que é o critério mais antigo da ética médica, significa fazer o bem, não causar dano e cuidar de quem precisa de assistência. Este conceito abarca o intuito moral da ação, na qual todos os profissionais envolvidos na assistência e administração do paciente, imputa em questões significativas que tragam o bem e afaste danos. Neste ponto vemos o profissional na assistência direta, mas também todo aquele que manipula e utiliza dados e informações sigilosas do prontuário do paciente.

Correia (1993), também nos traz a conceituação da Autonomia, segundo ponto da Trindade Bioética, diz respeito da capacidade que tem a vontade racional humana de fazer leis para si mesmo. Significa a emancipação da razão humana, a legislação do ser por si. A capacidade de ser, agir, governar, decidir. Este conceito, muito utilizado em assistência direta para que o paciente tenha o direito decidir sobre ações e atitudes exercidas sobre ele no processo de busca da cura de sua patologia.

Entretanto tal conceituação bioética, atua diretamente sobre a função do Enfermeiro auditor, este processo de autonomia em suas decisões é de grande responsabilidade, no qual o mesmo tem que estar encunhado de um peso moral e conceitual de grande vulto, para que assim seu processo decisório seja ético e assertivo.

Correia (1993), também nos revela a parte final da Trindade Bioética, que é a Justiça, é o princípio que nos orienta sobre a equidade e a universalidade, sobre a distribuição adequado e justa dos serviços de saúde. Parte significativa da consciência da cidadania, e luta ao direito a saúde. Conceito este de profunda significância, e que ao logo dos anos vem ganhando força legal e constitucional.

3.2 BASES LEGAIS PARA O ENFERMEIRO AUDITOR - CÓDIGO DE ÉTICA DA ENFERMEGEM

Tais conceitos são o tripé que instrumentaliza os Enfermeiros Auditores em seu processo decisório, em associação com tais conceituações o profissional de Enfermagem tem a Resolução 311 do Código de Ética da Enfermagem. Tal documentação, também instrumentaliza o profissional enfermeiro Auditor em suas tomadas de decisão, como vemos abaixo.

CÓDIGO DE ÉTICA DOS PROFISSIONAIS DE ENFERMAGEM

PREÂMBULO

A enfermagem compreende um componente próprio de conhecimentos científicos e técnicos, construído e reproduzido por um conjunto de práticas sociais, éticas e políticas que se processa pelo ensino, pesquisa e assistência.

Realiza-se na prestação de serviços à pessoa, família e coletividade, no seu contexto e circunstâncias de vida.

O aprimoramento do comportamento ético do profissional passa pelo processo de construção de uma consciência individual e coletiva, pelo compromisso social e profissional configurado pela responsabilidade no plano das relações de trabalho com reflexos no campo científico e político.

A enfermagem brasileira, face às transformações socioculturais, científicas e legais, entendeu ter chegado o momento de reformular o Código de Ética dos Profissionais de Enfermagem (CEPE).

A trajetória da reformulação, coordenada pelo Conselho Federal de Enfermagem com a participação dos

Conselhos Regionais de Enfermagem, incluiu discussões com a categoria de enfermagem.

O Código de Ética dos Profissionais de Enfermagem está organizado por assunto e inclui princípios, direitos, responsabilidades, deveres e proibições pertinentes à conduta ética dos profissionais de enfermagem.

O Código de Ética dos Profissionais de Enfermagem leva em consideração a necessidade e o direito de assistência em enfermagem da população, os interesses do profissional e de sua organização.

Está centrado na pessoa, família e coletividade e pressupõe que os trabalhadores de enfermagem estejam aliados aos usuários na luta por uma assistência sem riscos e danos e acessível a toda população.

O presente Código teve como referência os postulados da Declaração Universal dos Direitos do Homem, promulgada pela Assembléia Geral das Nações Unidas (1948) e adotada pela Convenção de Genebra da Cruz Vermelha (1949), contidos no Código de Ética do Conselho Internacional de Enfermeiros (1953) .

Código de Ética da Associação Brasileira de Enfermagem (1975). Teve como referência, ainda, o Código de Deontologia de Enfermagem do Conselho Federal de

Enfermagem (1976), o Código de Ética dos Profissionais de Enfermagem (1993) e as Normas Internacionais e Nacionais sobre Pesquisa em Seres Humanos [Declaração Helsinque (1964), revista em Tóquio (1975), em Veneza (1983), em Hong Kong (1989) e em Sommerset West (1996) e a Resolução 196 do Conselho Nacional de Saúde, Ministério da Saúde (1996)].

PRINCÍPIOS FUNDAMENTAIS

A enfermagem é uma profissão comprometida com a saúde e a qualidade de vida da pessoa, família e coletividade. O profissional de enfermagem atua na promoção, prevenção, recuperação e reabilitação da saúde, com autonomia e em consonância com os preceitos éticos e legais.

O profissional de enfermagem participa, como integrante da equipe de saúde, das ações que visem satisfazer as necessidades de saúde da população e da defesa dos princípios das políticas públicas de saúde e ambientais, que garantam a universalidade de acesso aos serviços de saúde, integralidade da assistência, resolutividade, preservação da autonomia das pessoas, participação da comunidade, hierarquização e descentralização político-administrativa dos serviços de saúde.

O profissional de enfermagem respeita a vida, a dignidade e os direitos humanos, em todas as suas dimensões. O profissional de enfermagem exerce suas atividades com competência para a promoção do ser humano na sua integralidade, de acordo com os princípios da ética e da bioética.

CAPÍTULO I

DAS RELAÇÕES PROFISSIONAIS

DIREITOS

Art. 1º - Exercer a enfermagem com liberdade, autonomia e ser tratado segundo os pressupostos e princípios legais, éticos e dos direitos humanos. Art. 2º - Aprimorar seus conhecimentos técnicos, científicos e culturais que dão sustentação a sua prática profissional. Art. 3º - Apoiar as iniciativas que visem ao aprimoramento profissional e à defesa dos direitos e interesses da categoria e da sociedade. Art. 4º - Obter desagravo público por ofensa que atinja a profissão, por meio do Conselho Regional de Enfermagem.

RESPONSABILIDADES E DEVERES

Art. 5º - Exercer a profissão com justiça, compromisso, eqüidade, resolutividade, dignidade, competência, responsabilidade, honestidade e lealdade. Art. 6º - Fundamentar suas relações no direito, na prudência, no respeito, na solidariedade e na diversidade de opinião e posição ideológica.

PROIBIÇÕES

Art. 8º - Promover e ser conivente com a injúria, calúnia e difamação de membro da equipe de enfermagem, equipe de saúde e de trabalhadores de outras áreas, de organizações da categoria ou instituições. Art. 9º - Praticar e/ou ser conivente com crime, contravenção penal ou qualquer outro ato, que infrinja postulados éticos e legais.

CAPÍTULO II

DO SIGILO PROFISSIONAL

DIREITOS

Art. 81 - Abster-se de revelar informações confidenciais de que tenha conhecimento em razão de seu exercício profissional a pessoas ou entidades que não estejam obrigadas ao sigilo.

RESPONSABILIDADES E DEVERES

Art. 82 - Manter segredo sobre fato sigiloso de que tenha conhecimento em razão de sua atividade profissional, exceto casos previstos em lei, ordem judicial, ou com o consentimento escrito da pessoa envolvida ou de seu representante legal. § 1º - Permanece o dever mesmo quando o fato seja de conhecimento público e em caso de falecimento da pessoa envolvida. § 2º - Em atividade multiprofissional, o fato sigiloso poderá ser revelado quando necessário à prestação da assistência. §

3º - O profissional de enfermagem, intimado como testemunha, deverá comparecer perante a autoridade e, se for o caso, declarar seu impedimento de revelar o segredo. § 4º - O segredo profissional referente ao menor de idade deverá ser mantido, mesmo quando a revelação seja solicitada por pais ou responsáveis, desde que o menor tenha capacidade de discernimento, exceto nos casos em que possa acarretar danos ou riscos ao mesmo.

Art. 83 - Orientar, na condição de enfermeiro, a equipe sob sua responsabilidade, sobre o dever do sigilo profissional.

PROIBIÇÕES

Art. 84 - Franquear o acesso a informações e documentos para pessoas que não estão diretamente envolvidas na prestação da assistência, exceto nos casos previstos na legislação vigente ou por ordem judicial. Art. 85 - Divulgar ou fazer referência a casos, situações ou fatos de forma que os envolvidos possam ser identificados.

METODOLOGIA

Na abordagem metodológica estamos voltados para pesquisa bibliográfica, de abordagem qualitativa. Para melhor contextualizar a escolha de tais métodos de pesquisa em prol da elucidação de nossos objetivos de pesquisa trazemos o que fala grandes teóricos sobre tal metodologia abordada.

Segundo Lakatos (1992), a finalidade da pesquisa bibliográfica está em colocar o pesquisador em contato direto com tudo aquilo que foi escrito sobre determinado assunto, com o objetivo de permitir ao cientista o reforço paralelo na análise de suas pesquisas.

Os tipos de fontes utilizadas por nos nesta pesquisa, perpassou por vários tipos de consultas, como livros, monografias, dissertações de mestrado e doutorado, e textos acadêmicos publicados em revistas indexadas.

Realizamos busca por artigos científicos de grande relevância sobre a temática em bases de dados com grande vulto metodológico. Dentre estas, podemos citar: Lilacs, PubMed sendo este portal incorporado a MEDLINE e duas bibliotecas digitas (banco de teses da CAPES e Scielo).

Para realização desta busca utilizamos alguns descritores, tais como, Enfermeira Auditora, novos paradigmas na Auditoria da Enfermagem, Ética, Bioética, Trindade Bioética.

Cabe salientar que não utilizamos o atributo de recorte temporal, pois vislumbramos que a temática abordada é de cunho atemporal e que passa pela inquietação de pesquisadores a longa data.

A coleta de dados será através de um formulário com questionamentos abertos, seguindo as orientações traçadas pelos objetivos.

Como Trivinos (1995), nos apresenta a importância de um bom formulário quando diz que ao criar um instrumento de coleta de dados as indagações propostas aos sujeitos devem ser claras, precisas, expressas em uma linguagem natural e deve apontar assuntos medulares do problema fonte da pesquisa.

Acrescentando a isto, Gauthier (1998) salienta que um instrumento deve ter questionamentos básicos que tenham nascido dos objetivos do estudo, das questões norteadoras e do suporte teórico.

Apresento como meu problema da pesquisa: Quais são as ferramentas Bioéticas, utilizadas pelos profissionais enfermeiros auditores, durante o processo de decisões clínicas?

Meu Objetivo Geral, desenhou-se como, identificar as ferramentas Bioéticas utilizadas pelos profissionais Enfermeiros Auditores durante o processo de suas decisões clínicas.

Meus Objetivos Específicos, seriam, demonstrar as ferramentas Bioéticas utilizadas pelos profissionais Enfermeiros Auditores durante o processo de decisões clínicas. E de apontar a relevância da utilização dos princípios Bioéticos e os direcionamentos de seus princípios Éticos, nas decisões clínicas realizadas no âmbito da Auditoria em Enfermagem.

Utilizamos na nossa pesquisa o formulário para orientação das fontes de dados, que foram pautados na intenção de responder o questionamento da pesquisa e dos objetivos da pesquisa.

CONSIDERAÇÕES FINAIS

Ao termino do estudo, venho trazendo uma reflexão final sobre a temática abordada na pesquisa. Em nossa dissertação apresentei como meu problema da pesquisa: Quais são as ferramentas Bioéticas, utilizadas pelos profissionais enfermeiros auditores, durante o processo de decisões clínicas?

Trago como pontuação neste momento do estudo, que minha questão norteadora foi alcançada e meus objetivos foram respondidos, a seguir trarei algumas pontuações relevantes e retiradas do mergulho que realizei sobre a temática, baseada na exploração de minhas fontes bibliográficas.

Iniciei minha dissertação demonstrando as ferramentas Bioéticas utilizadas pelos profissionais Enfermeiros Auditores durante o processo de decisões clínicas.

Tal objetivo foi alcançado quando realizei a pesquisa sobre as fontes bibliográficas de relevância, que me demonstraram sendo múltiplas as questões envolvidas nesse processo de decisão clínica, que perpassa por questões teórica, cientificas, prática, mas também de moral, ética e princípios bioético.

Sendo que a modalidade de maior relevância e que direciona tais práticas está na tríade que envolve a trindade bioética. Isto é os princípios de beneficência, a autonomia e a justiça. Utilizados, nos processos mentais, e nos momentos de conflitos impasses de julgamento.

Posteriormente, verificamos a relevância da utilização dos princípios Bioéticos e os direcionamentos de seus princípios Éticos, nas decisões clínicas realizadas no âmbito da Auditoria em Enfermagem.

Tal objetivo foi alcançado, quando pudemos retirara de nossos teóricos que o trabalho do Enfermeiro Auditor perpassa por informações de grande sigilo e confidencialidade durante sua análise das documentações assistenciais do cliente.

Para tal entramos em contato com termos que estão em nosso cotidiano, mas que muitas vezes não entendemos a aplicabilidade adequada no processo laboral. Ter uma consciência do termo ético e sua aplicação de forma sistemática assegura a moralidade e a adesão a valores formais. Ética como a filosofia moral, que leva a uma constante reflexão destas questões no ambiente laboral.

Desta forma, vemos que, a Auditora tronou-se uma ação de relevância durante as questões administrativas de várias empresas, sendo que nas ultimas década vemos uma mudança de paradigmas e adequação a novos padrões estabelecidos nacional e internacionalmente, vimos as empresas hospitalares, grandemente entrando no fluxo do uso destes profissionais.

A introdução/ utilização do enfermeiro no papel de auditor, embase-se na grande capacidade deste profissional casar questões técnicas/ cientifica/ peticas e morais / éticas no processo de resolução de problemas e em suas decisões clínicas.

Desta forma, nosso estudo, pontuou, que estes profissionais utilizam ferramentas bioéticas para municiá-los, quando deparados em questões que levam a incertezas e vieses, e com isso utilizando a trindade bioética, poder usar a

moralidade na resolução de conflitos.

REFERÊNCIAS BIBLIOGRÁFICAS

BERLINGER, G. **Ética da Saúde**. São Paulo: Hucitec.1996.

BOEMER, M.R.; SAMPAIO, M.A. **O exercício da enfermagem em sua dimensão bioética.** Revista latino-americana de enfermagem, 2007.

CHAUÍ, M. de S. **Convite a Filosofia**. São Paulo: Ática.1995.

CORREIA, Francisco de Assis. **A alteridade como critério fundamental e englobante da bioética.** Tese de Doutorado- Universidade Estadual de Campinas. Faculdade de Educação, Campinas- SP. 1993.

DEMO, P. **Introdução a Metodologia da ciência.** 2° edição. São Paulo: Editora Atlas, 1987.

FERREIRA, Aurélio Buarque de Holanda. **Dicionário Aurélio básico da língua Portuguesa**. RJ, 1999.

FIGUEIREDO, N.M.A. **Método e Metodologia na pesquisa científica.** Difusão Editora. São Caetano do Sul / SP, 2004.

GAUTHIER, Jacques Henri Mauric, et alli. **Pesquisa em Enfermagem Novas Metodologias Aplicadas,** Rio de Janeiro: Guanabara Koogan, 1998.

GRACIA, D. **Procedimentos de decisão em ética clínica.** Congresso de bioética da américa latina e caribe, São Paulo, 1995.

JULIO, Felisberto Sambutta. **Ética Profissional e deontologia em enfermagem**. Namibe, 2014.

JUNQUEIRA, W. N. G. **Auditoria Médica em perspectiva: presente e futuro de uma nova especialidade**. Criciuma: 2001.

LAKATOS, E.M. **Metodologia do trabalho científico: procedimentos básicos, pesquisa bibliográfica, projeto e relatório publicação e trabalhos científico.** 4 Edição. São Paulo: Atlas, 1992.

MOTTA, J. M. **Auditoria: princípios e técnicas**. São Paulo: Atlas, 1998.

MOTTA, A.L.C. **Auditoria de enfermagem nos hospitais e operadoras de plano de saúde**. Primeira edição. São Paulo: Iátria, 2008.

PINTO, Karina Araújo; MELO, Cristina Maria Meira. **A prática da enfermeira em auditoria em saúde**. Revista da Escola de Enfermagem. USP, 2010.

PONTES, Angela Cristina. **Bioética e profissionais de saúde: algumas reflexões**. Centro Universitário São Camilo, 2007.

SANTI, Paulo Adolpho. **Introdução a auditoria**. São Paulo: Atlas, 1988.

SCARPARO, Ariane Fazzolo; FERRAZ, Clarice Aparecida; CHAVES, Lucieli Dias Pedreschi; GABRIEL, Carmen Silva.

Tendências da função do enfermeiro auditor no mercado em saúde. *Texto contexto* - 2010.

SILVA, Macerlane de Lira; et alii. **Atuação do enfermeiro auditor: objetividade, legislação e eticidade.** Special Edition Article. Fiep Bulletin, 2015.

SMELTZER, Suzane; BARE, Brenda. BRUNNER & SUDDARTH. **Tratado de Enfermagem Médica – Cirúrgica.** Nona edição. Rio de Janeiro: Guanabara Koogan, 2002.

SOUZA, F.;et alii. **A avaliação do atendimento médico por parte da auditoria de prontuários.** Campinas, São Paulo. 2002.

TRIVINOS, Augusto Nibaldo Silva. **Introdução a Pesquisa em Ciências Sociais**. São Paulo: Atlas S.A. 1995.